85

PROPHÉTIES

ARRIVÉES,

AUTRES QUI ARRIVERONT,

PUIS LA

DÉSORGANISATION DU TRAVAIL,

LA FRANCE MERVEILLEUSE

ET LE PROPHÈTE.

SOMMAIRE.

PROPHÉTIES

ARRIVÉES,

AUTRES QUI ARRIVERONT,

PUIS LA

DÉSORGANISATION DU TRAVAIL,

LA FRANCE MERVEILLEUSE

ET LE PROPHÈTE.

> La France n'est qu'un tout, et ne doit être qu'un tout auquel tous les intérêts se rattachent, pour que chaque Français puisse, *par le travail*, y trouver sa part et le bonheur relatifs.

Mon factum sur les chemins de fer, 6 décembre 1838, envoyé à tous les Ministres, Députés, Pairs, Chambres de commerce, etc., disait que ces chemins devaient être faits par l'État. Je commençais ainsi :

« Les chemins de fer sont une spéculation qui, » comme celles de Beau-Grenelle, des quartiers » Beaujon et François-Premier, du port Saint-» Ouen, etc., etc., tournera contre ses actionnaires, » *lesquels ne voient pas la glu ou l'appeau qui les* » *appelle, ni les ficelles qui font gambader polichinelle.*

» Cette opinion, ou plutôt cette conviction, date

» chez moi de plus d'une année; huit à dix personnes » honorables pourraient l'affirmer. Je fus alors taxé » de folie; ne l'avais-je pas été, en prédisant, dans » ma pétition aux Chambres, 20 janvier 1825, des » emprunts successifs, puis de graves embarras pour » le Gouvernement, ce qu'il adviendrait de l'Entrepôt » du Gros-Caillou à Paris, etc.? »

Le même factum disait page 7 :

« Les joueurs de la Bourse se repaissent de fer, de » savons, de pierres, de bois, d'asphalte, de fausses « nouvelles et de mensonges, etc. Sont-ils à l'abri » de désastres pareils à ceux de 1818, qui virent » sombrer de toutes parts, armateurs, négocians, » manufacturiers et boutiquiers, censeurs et régens de » banque, juges des Tribunaux de commerce, membres » des Chambres de commerce et de la Chambre des » Députés, agens-de-change, courtiers, notaires, etc.?

» Ne peut-on mieux employer l'argent!

» Si, en aidant l'agriculture si arriérée, et le com- » merce maritime qui tombe et périclite journelle- » ment (1), CHOSES importantes dont la Banque devrait » être l'auxiliaire, au lieu d'être celui des joueurs et » l'appui des princes comme de gouvernemens d'inté- » rêts opposés. Si ces intérêts viennent un jour à se » croiser et à se heurter, *Gare la bombe* pour tous! »

Après deux années de séjour en France, *Tobie Smollet*, écrivain écossais, prédisait en 1766 notre première Révolution; *Cazotte* la prévoyait également vers 1780, et j'aperçus la chûte du trône lors des obsèques du général Foy, époque vers laquelle, appelé chez

(1) Ce factum parcourt le monde commercial, et y montre sur toutes les mers notre pavillon dans la plus honteuse infériorité.

Charles X, à l'occasion de ma Nationale Entreprise non effectuée par l'influence anglaise, je lui disais : *Les Ministres de Louis XV plantèrent la Révolution et creusèrent la tombe de Louis XVI; aujourd'hui, Sire, on fait un même travail.* Charles X, aveugle comme son prédécesseur et son successeur, se mit à rire : en 1830 on le chassait.

Dans un factum ou pamphlet qu'à l'occasion des élections, je publiai le 18 février 1839, réimprimé et répandu à mon insu dans tout Paris au nombre de plus de 20,000 exemplaires, par les soins et aux frais de personnes qui m'étaient étrangères, je disais page 5 :

« *M. Garnier-Pagès préside à la Chambre une petite république de dix à douze membres, que les électeurs feront bien de réduire à deux ou trois.* » Elle poussait déjà fortement la République, mais nos hommes d'État ne sachant pas lire dans les esprits ni dans le grand livre du monde et de la terre, n'apercevaient rien, et je disais vainement plusieurs fois à l'un d'eux : Prenez-y garde, le parti de Garnier-Pagès est le petit nuage ou point noir qui, aperçu dans la mer des tropiques, est bientôt transformé en orage.

La cherté des blés (1) et la crise commerciale industrielle et financière qui la suivirent furent le dernier indice de la tempête qui a renversé un trône chancelant depuis 5 à 6 ans; chose aperçue de tous ceux non attaqués de *myopie*, comme la plupart des ministres de Louis XVIII, de Charles X et de Louis-

(1) Mon factum, 20 mars 1847, distribué au congrès central agricole, dit et prouve que *la cherté des blés est due à tous les Français*. Honte à nous, car un pays comme la France doit suffire à son alimentation; à défaut, il mérite les misères qu'il éprouve.

Philippe le furent, je dis ministres et non pas hommes d'État, car ces derniers connaissent et apprécient les intérêts matériels et moraux, ainsi que l'esprit des peuples, connaissances d'après lesquelles ils gouvernent sans craindre les révolutions, mais les ministres n'y ont rien connu, et la France ayant successivement chassé trois rois dans l'espace de trente-trois ans, prouve bien au monde qu'elle n'en veut plus et qu'elle se gouvernera mieux elle-même.

La République est arrivée, dévouons-nous tous à son service, elle peut seule régénérer la patrie trop longtemps mal administrée; puis honorons ceux qui ont acquis une gloire immortelle pour l'abolition de la peine de mort en matières politiques; grâce à cette abolition, la France ne verra plus la terreur ni ses enfans aller comme du temps de la révocation de l'édit de Nantes, des dragonnades, et du règne de Robespierre, porter leur industrie et leur richesse en Hongrie, en Moravie, en Saxe, en Prusse, en Hollande, en Angleterre, en Amérique, etc. : si le flambeau de nos lumières sert encore comme je l'espère à éclairer le monde, ce ne sera pas par divisions ni parcelles, mais comme un phare immense vu ou aperçu de tous les peuples de la terre.

Serrons-nous donc, éclairons-nous réciproquement, car l'étranger, ou plutôt les rois, voudraient nous diviser; ne le faisons pas, soyons *Français* et *Républicains*, ces deux mots ne font qu'un et ne doivent faire qu'un aujourd'hui; le bon sens, la raison, l'amour du pays et de soi-même le veulent ainsi : tous ceux qui pensent différemment sont des insensés qu'il faut plaindre et non pas craindre. Qui donc aujourd'hui voudrait de Henri V, d'une Régence et même de Napoléon? personne, à moins d'être un fou, et si le grand homme ressuscitait aujourd'hui, je lui rappellerais que le 26 mai 1815, avant de partir pour Waterloo, il me disait : *Nous triompherons, M. Lainé, lâchez alors la bride à votre ambition et je la satisferai.* Eh bien! je dirais aujourd'hui à Napoléon dont je fus fanatique : Sire, prenez un fusil, et faites-vous nommer caporal dans la garde nationale, car, aujourd'hui, *la France n'est qu'un tout, et ne doit être qu'un tout auquel tous les intérêts se rattachent, pour que chaque Français puisse, par le travail, y trouver sa part et le bonheur relatifs.*

DE L'ORGANISATION DU TRAVAIL.

J'écris comme ouvrier et m'honore d'être tel.

M. Louis Blanc, qui recevra le premier exemplaire de ce factum, loin d'atteindre le but qu'il avait en vue, n'a fait qu'égarer le jugement d'un grand nombre d'ouvriers, et je réfuterai ses opinions par des exemples.

J'aime ma patrie autant que lui et autant qu'aucun de ceux qui voudraient conduire la République au pas gymnastique des chasseurs de Vincennes, tandis qu'elle doit marcher comme l'infanterie de bataille, en colonne serrée, ne pas imiter le lièvre, mais la tortue de la fable.

Monsieur, ou le citoyen Louis Blanc, car pour moi ces deux mots sont similaires, a égaré l'esprit d'un certain nombre d'ouvriers auxquels il a fallu accorder réduction des heures de travail et augmentation de salaire, cela quand toutes les industries périclitaient et qu'il n'y avait pas de travail. Sa conduite ressemble en cette occasion à celle d'un capitaine de navire qui, réduit à diminuer la ration de ses passagers et de son équipage, la triplerait en faveur de quelques-uns qui, élevant la voix plus que les autres, réduiraient bientôt le navire aux horreurs de la faim et à l'extinction des forces qui devaient conduire le navire au port.

Si j'avais l'honneur d'être le citoyen Louis Blanc, j'eusse dit aux ouvriers : *Les peuples heureux ne se révoltent pas*, et c'est parce que la France est depuis longtemps trop malheureuse qu'elle a fait une révolution indiquée déjà par la chûte de Napoléon, lequel, malgré les misérables qui le trahirent, n'eût pas succombé dans sa lutte contre l'Europe, si la France l'eût soutenu, car malgré la gloire immense qui rejaillissait sur elle, la France en avait assez; il lui fallait la liberté, la prospérité agricole et commerciale ainsi que celle des beaux arts; puis le bonheur des masses, préparée par la première République et par Napoléon (1) lui-même, gloire et bonheur que les Bourbons n'ont pas su ou voulu conquérir ni accomplir.

Vous souffrez, aurais-je dit aux travailleurs réunis

(1) Beaucoup de gens ne voient dans Napoléon que le guerrier, le législateur et l'administrateur : à ces titres seuls, sa gloire est immense et domine toutes les autres; mais sa plus haute pensée est le sytème continental, rempart inexpugnable qui s'étendit plusieurs années des bouches de l'Elbe à celles du Cattaro, et à l'abri duquel s'élevèrent la majeure partie des fabriques qui font aujourd'hui l'orgueil de la France, de la Belgique, de la Suisse, d'une partie de l'Italie, de l'Allemagne, compris l'Autriche, qui gagna immensément à ce système, ainsi que je le démontrai en juillet 1809 à Napoléon lui-même, alors à Schöenbrun. Les toiles de coton, les casimirs, les flanelles qu'on tirait de l'Angleterre, la céruse, la litharge et autres produits chimiques

au Luxembourg, mais vous ne souffrez pas seuls, car l'agriculture souffre également. Elle ne vend pas ses laines, ses chanvres, ses soies ni ses lins, etc.; puis la boucherie, branche agricole ne vendant pas ses cuirs à la tannerie qui travaille peu ou pas, ne peut guère diminuer le prix de la viande. Ceux qui travaillent pour la marine, tisserands, voiliers, charpentiers, peintres, calfats, cordiers, serruriers et menuisiers, les saleurs, les fabricans de biscuits et de conserves, etc., sont égalcment inoccupés, ainsi que les marins, les rouliers et toutes les professions que ces états animent et font vivre.

Le fermier ne vendant pas ses denrées ne peut pas payer son propriétaire, et ce dernier n'achète pas les articles de luxe et de goût qui animent l'industrie, surtout celle parisienne; la marchande de modes souffre elle-même, parce que les femmes se restreignent, et il n'y a pas jusqu'à l'étude du notaire et à la caisse du banquier qui ne soient en souffrance, car si le notaire ne fait ni ventes ni achats, le banquier n'encaissant rien ne peut pas payer : dans la *crise* sans exemple qui pèse sur nous, *les huissiers seuls* s'enrichissent par les innombrables protêts et dénonciations

---

applicables aux arts et aux manufactures, que nous achetions généralement de nos voisins, se fabriquent en France et sur le Continent.

Les laines s'améliorèrent ainsi que la culture du mûrier : les cotons furent spontanément cultivés par l'Espagne, la Pouille, la Calabre et la Grèce. Les garances suffirent à nos besoins, la soude factice fut inventée, et de 1806 à 1813, la plus grande partie de l'Europe ne fut vêtue que des produits de son sol et presque uniquement de notre propre fabrication, et sans ce système, la France serait, comme le sont aujourd'hui le Portugal et l'Espagne, vassale industrielle de l'Angleterre : c'est pour ces immenses bienfaits que Napoléon fut détesté des Anglais, et que d'autres peuples reconnaissans gardent un si religieux souvenir pour sa mémoire.

qu'ils font journellement, actes qui préparent aussi de belles journées pour les avoués et les avocats par les procès qui surgiront; mais ces trois professions toutes honorables qu'elles soient, ne prospéreront guère que par des malheurs publics ou particuliers. Ces malheurs, dus aux hommes que la France vient de chasser, ne peuvent être changés à vue comme dans les théâtres qui souffrent également : le mal et la destruction se font en un jour, le bien lentement; et le blé qu'on sème n'est pas du pain cuit. Croyez-vous donc, Citoyens, aurais-je encore dit, que le boutiquier ou le bourgeois ne souffre pas. Si, car tel qui porte un habit et un chapeau bien brossés, n'en est pas moins ainsi que vous soumis à de dures privations. Vous voulez un plus grand salaire quand il y a moins de besogne, et que nos rapports commerciaux sont nuls et interrompus avec l'Italie, l'Autriche, la Hongrie, la Bavière, le Wurtemberg, la Prusse, etc. Mais le commerce s'anéantira totalement au profit de l'Angleterre qui, toujours habile et prévoyante pour abaisser ce qu'elle craint, a pour lutter contre nous rendu, en 1846, sa loi des céréales dont le but est de diminuer le salaire de ses ouvriers et le prix de ses marchandises; puis elle nous a offert le libre-échange, dont l'adoption donnerait bientôt à notre chère patrie tout le bonheur et la prospérité dont jouissent le Portugal et l'Irlande; car, par le libre-échange, les manufactures qui sont la gloire et la vie de Roubaix, Amiens, Rouen, Reims, Bar-le-Duc, Colmar, Mulhouse, Lyon, Nîmes, etc., etc., seraient bientôt transformées en hôpitaux (1).

(1) Mon écrit contre le Libre-Échange, publié en mars 1847 et envoyé

On organise un régiment, une armée, le creusement d'un canal, d'une rivière, une raffinerie de sucre, la culture d'une ferme, le nettoyage, le balayage d'une ville, tous les travaux dont l'exécution peut se calculer, et représenter par des chiffres le prix auquel ces travaux reviendront, sans accidens ni circonstances éventuelles.

Peut-on calculer par exemple le prix exact auquel reviendra le drap fin? Non, car il faut des machines, des outils, des matières premières, tinctoriales, minérales et végétales; surtout de la laine. S'achetera-t-elle en Brie, en Champagne, en Saxe, en Valachie, en Crimée, en Afrique, en Australasie, en Amérique? L'indigo sera-t-il acheté dans l'Inde, au Mexique ou dans les marchés de l'Europe? Prendrez-vous les alizaris, les garances en Natolie, en Grèce, en Sicile, ou bien à Avignon, en Alsace, en Flandre, ou chez les droguistes de Marseille, Paris, Rouen, etc.? Consulterez-vous les ouvriers égalitaires pour effectuer ces acquisitions? Seront-ils réunis, délibéreront-ils? Prendront-ils une résolution ou des résolutions sur toutes les questions qui précèdent? Puis, connaîtront-ils les diverses contrées que les matières premières auront à parcourir pour arriver en fabrique? Pourront-ils apprécier, préciser la nature et l'importance des frais de transport, de banque, de douane, de transit, etc.? Seront-ils consultés sur les prix de ventes

à tous les Ministres, aux Chambres de commerce, etc., traite les questions agricoles, commerciales, industrielles, maritimes et financières, etc.; il a tué les échangistes, et le citoyen Wolowski, représentant du peuple, leur partisan, s'en rappellera ainsi que les autres membres du Congrès central agricole qui font aujourd'hui partie de l'Assemblée nationale, qui tous reçurent ce factum, qui se font de six à neuf mois de terme, et attendront-ils la rentrée des fonds pour être payés de leur part *égalitaire?*

Si vous fabriquez de la soie, la matière première sera-t-elle française, italienne, grecque, indienne ou chinoise? Consultera-t-on aussi les ouvriers pour savoir où les emplettes tinctoriales s'effectueront? Un dessinateur soumettra-t-il son travail au goût de tous ceux qui ne savent que tisser, ourdir, brocher, teindre, apprêter, plier, emballer, etc.? Non, car une telle fabrique serait bientôt la tour de Babel.

Ce que je dis pour le drap et la soierie s'applique aux toiles de chanvre et de lin comme de coton, aux fabriques d'ébénisterie, papiers peints et maroquineries, à celles des bronzes, des cristaux et des porcelaines dont le goût ou la mode changent assez souvent : il en est de même des instrumens de chirurgie et de musique, d'horlogerie, etc., enfin de toutes les industries sur lesquelles j'ai des notions non pas toutes précises du moins assez exactes, parce que je connais le commerce de la terre autant qu'un homme puisse le faire.

La part égalitaire ne peut pas exister dans les choses nouvelles créées par l'étude, la réflexion, l'observation ou le génie, et lorsque MM. Pelletier et Caventou inventèrent le sulfate de quinine, si précieux pour l'humanité, devaient-ils partager avec leurs ouvriers la prime argent et la décoration qui leur furent données par l'État? Non; pas plus qu'Obercampf et Richard Lenoir que Napoléon décorait de sa main pour la guerre industrielle qu'ils firent si rudement à l'Angleterre, ne devaient faire porter cette décoration tour à tour par leurs ouvriers.

Coffin, mineur liégeois, aussi décoré par Napoléon pour avoir sauvé une soixantaine de ses camarades, devait-il leur donner tour à tour l'insigne délivré par le grand homme? pas plus que *Jacquard*, ouvrier lyonnais, inventeur d'un métier qui porte son nom et si utile dans la fabrication des soies.

A la place de M. Louis Blanc, j'eusse dit aux ouvriers : La France peut nourrir cent millions d'habitans, et cependant les documens annuels fournis par le gouvernement déchu, prouvent que nous achetons annuellement de l'étranger pour 150,000,000 de fr. de chevaux, bœufs, moutons, beurre, fromage, saindou, blé, laines, chanvres, lins, etc., sans que nos exportations soient loin, bien loin de compenser cette somme; mais un quart de notre sol n'est pas cultivé, le reste, à quelques légères exceptions près, ne l'est pas comme il devrait l'être; changeons cet état de choses, et que ceux parmi vous, Messieurs les Travailleurs, qui savent manier la pelle et la pioche, ou soigner et conduire les chevaux, aillent dans nos campagnes des départemens du Nord et du Nord-Est, même dans Seine-et-Oise, Seine-et-Marne, Eure-et-Loir, qui manquent de bras et où les travaux agricoles sont effectués par des Belges et des Allemands, vous rendrez service à la patrie et vous aurez du travail, but de tous vos vœux, etc.

J'écris comme ouvrier et m'honore d'être tel, car je me suis servi de tous les instrumens aratoires; j'ai soigné, harnaché et conduit des chevaux; puis j'ai manié tous les ustensiles employés par la pharmacie et la chimie, même *la seringue* en faveur des pauvres et des malades; j'ai enfin traîné ou conduit la brouette, créé deux industries et des ustensiles divers, enseigné mes auxiliaires ou ouvriers à s'en servir, et avec lesquels je porte la blouse et travaille en sabots.

Après la Révolution de Juillet, la généralité des fabriques de Saint-Denis étaient fermées, même celles de grands patriotes occupant des places *très-salariées* par l'État. Le pain était cher, très-cher. La gélatine, dont j'avais formé une fabrique en 1825, ne se vendait pas plus que les autres marchandises, mais on m'avait aidé, je voulus aider les autres en conservant mes ouvriers, tous honnêtes gens, et quoique je ne fusse pas riche, je formai successivement, au moyen de matières jusqu'alors généralement perdues ou méconnues, trois fabriques d'Engrais pour fumer les terres. Bientôt, et malgré toute la ville de Saint-Denis qui applaudissait à mes efforts, je fus persécuté par l'autorité, et après observations sur observations, qui durèrent inutilement quatre ans, je fis imprimer, le 22 décembre 1836, un mémoire de 48 pages in-4° contre le sieur Gisquet, préfet de police; mon factum citait M. Parent-Duchatelet, vice-président du Conseil de salubrité, et dont le rapport qui est au Conseil-d'État dit textuellement : *Une intrigue habilement conçue, plus habilement conduite, a été organisée contre M. Lainé par des gens étrangers à la ville de Saint-Denis* (1).

(1) L'intrigue très-supérieure qui m'a persécuté pendant plus de vingt ans, commença le jour où je publiai l'exposé de ma Nationale Entreprise, non effectuée par le mauvais vouloir de M. de Villèle, 1823 et 1824, et dont le but était de rédimer la France des tributs commerciaux qu'elle paie honteusement à l'étranger, et dans laquelle entreprise, les Belges, les Hollandais, les Allemands, les Suisses et les Italiens prenaient intérêt comme les Français.

Ayant besoin d'un avocat au Conseil-d'État, je m'adressai à M. *Ledru-Rollin;* je trouvai son plaidoyé trop franc, et plaidai seul ma cause qui, après des volumes d'autres écrits, non publiés par pudeur pour l'administration, a duré jusqu'en 1846.

J'ai combattu *seul*, pendant plus de dix ans, *Conseil de Préfecture*, *Préfet de Police*, *Conseil de Salubrité*, *Comité consultatif des arts et manufactures*, *Ministre du Commerce* et *Conseil-d'État*. On voulait, au risque d'empoisonner la rivière et les poissons, jeter les Engrais à l'eau; je résistais à tout, opposant l'expérience à l'erreur, la vérité au mensonge et la fermeté à la colère; en définitif on m'a fait perdre quatorze ans de ma vie; puis par des déplacemens insensés et immensés de matières, des sommes qui s'élèvent à près de trois cent mille francs : *pièces en main.*

Pendant ces combats et ces pertes, mes employés et ouvriers m'ont aidé de tout leur courage; je les payais non pas comme si j'eusse gagné, mais pour le travail qu'ils effectuaient, rétribuant annuellement au jour de l'an les plus zélés, les plus habiles, et tenant le soir une école pour les instruire.

Ils sont avec moi depuis 10 à 33 ans. Le plus âgé, qui fut grenadier à cheval de la vieille garde, est décoré et l'un des débris de Waterloo; nous mourrons ensemble : tous ou presque tous ont acquis maison, rentes ou champs, ou bien encore ils ont de l'argent aux caisses d'épargne. Payés depuis 30 fr. jusqu'à 125 fr. par mois, suivant la force, la capacité la conduite; aucun d'eux n'a jamais songé au système *égalitaire-communiste*, celui qu'ils comprennent est une justice distributive.

Je fis pour la première fois une belle campagne l'an dernier, mais ce qui était payable du 1er avril au 15 mai présent mois, est loin d'avoir été acquitté; cela viendra avec le temps, et si mes ouvriers ont gagné de l'aisance quand je perdais, ne suis-je donc pas dans le droit de garder les profits futurs, pour réparer les pertes passées; puis si Dieu augmente ces profits, mes auxiliaires y trouveront une part, qu'ils attendront sans la demander. Je les connais comme ils me connaissent : malades, je les paie et les garde, et leur donnai, quand le pain fut si cher l'an dernier une haute paie sans qu'ils la réclamassent. Voilà comme je comprends le *salaire communiste-égalitaire* qui, selon moi, se reduit en un seul mot que j'ai déjà cité : *Justice*.

L'esprit des ouvriers n'étant pas toujours orné, ils sont par cela même avides de sensations, de jouissances intellectuelles, ils croient loyalement tout ce qu'on leur dit : c'est cette disposition à s'instruire comme à s'élever, qui a donné un si grand crédit aux opinions du citoyen Louis Blanc; ils aiment assez qu'on leur parle par figures, et si M. Louis Blanc leur avait dit : Quand un moulin perd une de ses ailes ou une roue, le meunier, qui ne peut plus moudre, appelle le charpentier pour remettre la chose en ordre; eh bien, le commerce est une roue dont l'axe, l'essieu ou l'aile, sont brisés, le charpentier, c'est le Gouvernement, donnons-lui donc le temps de réparer le dommage, puis nous marcherons.

J'eusse dit à l'ouvrier sensible à l'honneur : Au siége de Mahon, nos soldats étant habitués à s'enivrer, le maréchal de Richelieu dit à l'ordre : *Celui qui serait ivre ce soir, n'aura pas l'honneur de monter demain à l'assaut :* tous à jeun prenaient la citadelle.

Puis à ceux sensible à la corde patriotique, et c'est le grand nombre, j'eusse dit : Les soldats de la République mangeaient trois châtaignes et trois fèves de cacao au siége de Gênes, ils passaient pieds nus, et sans murmurer, la nuit dans les marais de la Hollande. Les marins du *Vengeur* s'ensevelirent dans l'Océan plûtot que d'amener leur pavillon ; d'Assas préféra se faire tuer, et Bisson se faire sauter plutôt que de manquer à leur caractère de *vrais Français*.

Souffrez-vous autant? Non, car la République vous donne du travail, non pas comme vous le méritez, mais au moins alimentaire. Prenez-donc patience, mes amis, le bon temps viendra.

C'est en parlant ainsi aux ouvriers et dans les groupes après la Révolution de juillet, comme je le fais encore aujourd'hui, que j'en ai ramené un certain nombre.

L'immense majorité des ouvriers est honnête, et dans le grand nombre de ceux que j'occupai ou occupe, je n'ai eu à me plaindre sérieusement que de quatre ou cinq, et tous sont plus susceptibles du point d'honneur que certaines personnes auxquelles ils sont étrangers ne le croient. Invoquez-le auprès d'eux cet honneur aussi bien que la raison, traitez-les en hommes, en frères, ils vous écouteront, vous les releverez à leurs propres yeux et empêcherez le faible de faiblir, comme vous donnerez du courage aux paresseux.

C'est ainsi que j'agis avec les miens, soit dans les instans de repos, soit que je partage ou assiste à leur repas, ce qui m'arrive quelquefois, je les entretiens toujours de choses qui peuvent les intéresser, et je les vis toujours désirer et non pas craindre ma présence.

Bon nombre d'industriels agissent ainsi, et il est fâcheux que M. Blanc, dont la bonté du cœur s'est montrée dans tous ses discours, ait promis plus de beurre que de pain, quand ce dernier ou le travail général manque.

Le système de M. Louis Blanc, loin d'organiser, a désorganisé, puis causé des perturbations et des avaries à notre beau vaisseau, la République, qui cheminait tant bien que mal, temps couvert et vent incertain, quand le 15 du présent mois il fut accueilli d'un grain sous la force duquel il eût sombré; mais la garde nationale, intrépide équipage faisant tête à l'orage, a remis les œuvres en état, et le beau vaisseau, toutes voiles dehors et pavoisé, entrait le 21 dans le port du Champ-de-Mars, aux acclamations de tout un peuple.

L'ordre est la meilleure loi des finances, a dit le citoyen Garnier-Pagès; c'est aussi l'ordre qui est le meilleur organisateur du travail, et il s'organisera bien tout seul quand il y aura de *l'ordre*.

Je vais néanmoins indiquer, sous forme de prophéties, ce qui en donnera du travail, si je me trompe, on voudra bien m'excuser en qualité de *fanatique agricole et commercial* comme m'appelait un Ministre de la Restauration.

Je me pose, dira quelque lecteur, cela est vrai: M. Louis Blanc l'a fait, je l'imite; et tous ceux qui parlent ou écrivent ne se posent-ils pas?

CE QUI ARRIVERA SOUS LA RÉPUBLIQUE.

La patrie est la famille agrandie.

Mon écrit sur la cherté des blés, mai 1847, dit page 5 :

« *L'Agriculture est le premier des arts, et le Commerce la première des sciences : la paix, le bonheur des empires dépendent de leur prospérité.* Cependant ce n'est pas dans ces premiers intérêts que l'on cherche chez nous le bien-être, la considération et la fortune; non c'est dans les innombrables places du Gouvernement. Je dis innombrables, car du garde-champêtre au ministre de l'agriculture, du portier d'une bicoque au ministre de la guerre, du garde-chiourme au ministre de la marine, du concierge d'une bibliothèque au ministre de l'instruction publique, du douanier et du facteur rural au ministre des finances, etc., etc., il semble que la France entière soit plutôt un peuple d'administrateurs que d'administrés; de là ces obsessions, ces demandes continuelles qui assaillent sans relâche et de toutes parts, Ministres, Députés, etc. *Vivre du travail d'autrui*, voilà la devise universelle; voilà pourquoi tant de gens sollicitent et crient : *des places! des places!* surtout celles où, bien payé, *on travaille peu;* puis viennent les impatiens, les paresseux, et le nombre en est grand, qui voudraient trouver ou faire une fortune prompte, subite, sans étudier, sans labourer,

» sans semer, et pour y parvenir, ils se livrent à de » folles entreprises ou bien aux jeux de bourse, *rentes,* » *chemins de fer, blés et farines;* jeux dont ceux qui » dirigent les rouages savent bien profiter, *à la ruine* » *du plus grand nombre.* Ainsi grâce à toutes ces » causes, dans le banquet que depuis trente ans la paix » donne à l'agriculture et au commerce du monde, » nous sommes aux dernières places!!!

» Nous le voulons ainsi : cependant l'*Agriculture* » *est tout*, sans elle et ses produits, l'avocat manque- » rait de voix, le danseur de jambes, mademoiselle » Rachel ne pourrait pas déclamer, Duprez chanter, » Horace Vernet aller à l'immortalité avec ses batailles, » le soldat ne pourrait pas manier ses armes, le marin » conduire son navire, etc. Les Chinois, dont les » usages nous semblent si ridicules, comme si nous » n'en avions pas de semblables, placent l'*Agriculture* » *avant tout :* nous *après tout.* »

Ces mœurs assez honteuses pour un grand peuple seront changées en bien par la République; nous verrons moins d'émigrations des campagnes dans les villes, nos tributs agricoles s'éteindront, puis nous aurons moins de cours de justice, moins de criminels, moins de gendarmes, moins de bagnes, conséquemment plus de gens heureux.

Pour obtenir ces résultats, la République fera constater si *le sucre de betterave est aujourd'hui chez nous ennemi de l'agriculture, du commerce, de l'industrie manufacturière, de la marine et du Trésor,* puis une des causes de notre dernière cherté des blés, ainsi que je crois l'avoir prouvé par faits et chiffres dans ma pétition 2 février 1843, adressée aux Chambres, et dans mon factum 20 mars 1847, publié au Congrès central agricole.

Le canal de l'Ourcq qui n'a plus que 30 kilomètres à creuser pour être achevé, le sera promptement, comme doit l'être une des grandes voies alimentaires et commerciales de Paris par sa liaison avec l'Aisne, le canal des Ardennes et la Meuse.

La République effectuera le canal dont je proposais l'érection au Congrès central agricole en mai 1846 et au Gouvernement déchu : canal de navigation, d'assainissement et d'irrigation qui, de Narbonne à Caen, unirait la Méditerranée à la Manche, passant par Carcassonne, Castres, Alby, Villefranche, Figeac, Brive, Tulle, Bourganeuf, Guéret, Boussac ou environs ; puis par La Châtre, Issoudun, Romorantin, Blois, Vendôme, La Ferté-Bernard, Alençon, Argentan et Caen, cela, au moyen des eaux de la Robine, puis de l'Aude, du canal Royal et de celles de l'Agout, du Tarn, de l'Aveyron, du Lot, du Cellé, de la Dordogne, de la Corrèze, de la Vezère, de la Vienne, de la Creuse et du Véron, de l'Indre, du Cher, de la Loire et du Loir, de l'Huisne, enfin de la Sarthe, de l'Orne et de leurs affluens.

Ce vaste canal, digne d'être entrepris par un grand peuple, immortalisera à tout jamais ceux qui l'exécuteront; puis traversant mille kilomètres de la France dans sa partie la plus centrale et l'une des plus mal cultivées, il réveillerait les populations de la Corrèze, de la Creuse, du Cher, de l'Indre, de Loir-et-Cher et autres, qui végètent engourdies au milieu des landes, des étangs, des bruyères, des marais, de la paresse et de la misère. Devenu bientôt, au profit des masses et du

Trésor, la grande artère vitale du royaume, ce gigantesque canal, unique par son étendue et par le nombre des affluens dont il recevrait la vie et auxquels il la transmettrait, porterait sur tous les points de son parcours la richesse agricole et commerciale avec la civilisation. Il satisferait les vœux de la Sologne, et augmenterait puissamment le débouché de nos fabriques, dont le plus grand avenir, en raison du peu de colonies que nous possédons, est dans le développement de l'aisance et du bien-être des travailleurs agricoles, qui dans le centre de la France en ont si peu ou pas du tout.

La République fera reboiser nos montagnes dénudées, cause principale et périodique des inondations qui portent avec elles tant de désastres, de ruine et de malheurs dans un si grand nombre de départemens au secours desquels l'État doit toujours venir.

Ces désastres n'arriveront plus quand on aura creusé et non pas *endigué* la Saône, le Rhône, la Garonne, la Dordogne, la Loire, la Marne et la Seine. Ces fleuves, retenus dans des lits réglés et ne ravageant plus, serviront à la navigation et à l'irrigation au moyen de barrages bien entendus.

Je me suis prononcé au Congrès central agricole contre l'*endiguement* avant la dernière inondation de la Loire, et ce terrible désastre a prouvé que l'endiguement ne résiste pas toujours à la pression des eaux, tandis que le *creusement* les renferme dans leur lit et en facilite l'écoulement sans désastres.

La neige en fondant sur les montagnes, et la pluie en y tombant, détachent des parcelles terreuses ou pierreuses entraînées par les courans. Il en est ainsi en *plaine*, sur les terrains en pente dont les eaux charrient toujours vers les fleuves et rivières une partie du sol. Ce limon, quelquefois bienfaisant dans les prairies, est toujours nuisible aux grands cours d'eau dont il élève chaque année la profondeur de 1 à 3 centimètres, suivant les époques plus ou moins neigeuses et pluvieuses : l'œil seul apprécie l'élévation du lit des grands courans, aussi bien que ceux secondaires de l'Isère, de l'Ardèche, de la Durance, du Gers et du Lot, de la Sèvre, de la Mayenne, ainsi que les cours de 3ᵉ et 4ᵉ classe dont la nomenclature serait ici trop longue.

Régler le cours des affluens, grands et petits, sera effectué : ces travaux occuperont des millions de travailleurs, lesquels après avoir curé ou dragué tous les cours d'eau et rejeté le produit de ces travaux sur les rives, y planteront des arbres en analogie avec le sol, et ces multiples plantations deviendront, avec le temps, attracteurs des orages qui ravagent trop souvent les parties cultivées de notre sol. L'ombrage de ces plantations, auxiliaires de nos forêts qui s'en vont, facilitera ou plutôt développera la production du poisson, aliment trop cher, trop rare chez nous, et si abondant chez les peuples de l'Est et du Nord qui s'occupent de son éducation : nous peu ou pas.

Nos ingénieurs préfèrent généralement endiguer à creuser : ce dernier travail ne se voit pas, tandis que le premier frappe les yeux et donne de la gloire à celui qui l'effectue. Ne serait-ce point une des causes de la préférence?

La République fera défricher les nombreuses landes des départemens de l'Ouest, du Centre et du Sud. C'est encore de la besogne pour des millions de travailleurs qui, s'attachant au sol rendu par eux à la vie, renonceront pour la plupart au séjour assez scabreux des grandes villes, où souvent des privations, faute d'ordre et d'économie, sont leur lot; tandis que par un travail réglé et assidu, l'homme trouve dans la vie des champs, sinon les vives jouissances de la ville avec leurs dangers, mais la santé, la paix de l'âme et le bonheur.

Nos ports, depuis Dunkerque à Saint-Jean-de-Luz, et de Port-Vendres à Antibes, qui s'étendent sur les trois mers, seront accessibles en tous temps à la navigation, et il en sera créé un à l'île de la Réunion. Le Gouvernement déchu envoya, il y a environ 12 ans, un officier distingué, aujourd'hui contre-amiral, M. Montagnès de la Roque, à l'île de la Réunion, pour, d'accord avec le conseil colonial, aviser aux moyens d'y faire un port. Les travaux furent estimés à sept millions; mais ce port, dans la dépense duquel la colonie entrait pour un tiers, reste à faire, et les deux cents navires qui font cette navigation continuent à supporter toutes les tempêtes qui surgissent spontanément dans ces climats. Il faut partir quand l'orage gronde, périr en mer ou chercher un refuge à l'Ile-de-France, et payer ainsi un tribut aux Anglais.

Si ce port eût été effectué, les dépenses en seraient beaucoup plus que couvertes par les droits que les navires eussent payé, mais il continue de s'en perdre régulièrement un certain nombre, au grand détriment des armateurs, des compagnies d'assurance et de l'État ainsi que de l'humanité. Un port à l'île de la Réunion est *très-urgent* comme abri dans les tempêtes ou refuge dans les combats.

On recommencera le pont de Saint-Malo à Saint-

Servan, tombé dans la mer il y a deux ans, au moment d'être achevé, parce que les bois étaient mauvais.

Quand la République appliquera 93,000,000 de fr. pour augmenter notre marine, elle voudra que toute la somme soit réellement employée et ne tourne pas à l'avantage des fournisseurs et autres, comme sous le Gouvernement déchu.

On ne verra plus de scandaleuses affaires comme celles de Rochefort et autres : les vivres des marins seront bons, leur vin ne sera pas du vinaigre, et il y aura du charbon de terre en magasin pour les bateaux en partance.

Le pain des soldats et les fourrages ne seront pas exclusivement bons ou à peu près bons à Paris seulement, mais par toute la République; on ne donnera plus aux carabiniers ni aux cuirassiers des chevaux de 300 fr., comme j'en ai tant vu, et que l'État payait 800 fr.

Le budget de Napoléon en répartissant sur les dix années de son règne, *Consul et Empereur*, le milliard payé aux étrangers par les traités de 1814 et 1815 et l'acte d'évacuation d'Aix-la-Chapelle, le budget de Napoléon s'éleva de 630,000,000 et progressivement jusqu'à 850,000,000 de fr.; il administrait 120 départemens, entretenait une armée de 600,000 hommes et des escadres qui, du Texel à Venise, formaient une masse de 120 vaisseaux de haut-bord à flot ou dans les ports; puis Napoléon encourageait les manufactures et exécutait de grands travaux sur tous les points de l'Empire.

Louis XVIII, qui trouva châteaux et domaines bien administrés, palais bien garnis, et qui pilla les fonds du domaine extraordinaire, Louis XVIII porta le budget à 1,100 millions de fr., Charles X à plus de 1,200, et Louis-Philippe à 1,600 millions de fr., ce qui ne l'empêchait pas de se féliciter et de nous féliciter chaque année sur la prospérité toujours croissante de l'État. Cependant ces rois eurent 35 départemens et 350,000 hommes de moins à payer et à administrer, comme ils ont réduit successivement notre marine à moins de vingt bons vaisseaux.

Par compensation, Louis XVIII augmenta notre bureaucratie de 20,000 employés, Charles X de 15,000 et Louis-Philippe, de 40,000. La République mettra cette armée de 75,000 hommes à la demi-solde, et successivement en disponibilité!

Toutes les administrations ont plus ou moins une superfétation bureaucratique, et les affaires n'en vont pas mieux, car chacun sait qu'il faut des mois entiers pour obtenir la moindre autorisation, la moindre réponse; nos rouages administratifs sont trop compliqués : on l'a voulu ainsi pour donner des places dont la plupart sont mal occupées ou inutiles. Je disais en 1818 à M. de Saint-Cricq, directeur général des douanes : Avec les six commis que j'occupe, je veux faire mieux et plus promptement votre besogne que ne le font vos 52 employés; en effet, un commis du commerce travaille autant que huit ou dix de ceux de l'administration.

Du temps des rois déchus, les employés faisaient arrêtés et ordonnances, puis les Préfets et les Ministres signaient; ce sera le contraire sous la République, qui, pour se faire aimer de tous, réduira bureaucratie et budget.

Ma pétition aux Chambres, 20 janvier 1825, demande un changement notable dans notre éducation dont mon factum, 20 mars 1847, sur le sucre de betteraves, distribué au Congrès agricole et renvoyé aux Ministres et aux Chambres, signale plus largement les imperfections; la République voudra que, supérieurs sous tant de rapports comme nous le sommes, nous cessions d'être inférieurs sous tant d'autres, infériorité non-seulement honteuse, mais ruineuse, et qui nous rend tributaires de l'étranger.

Les Chambres ni les Ministres n'adoptèrent pas le plan de finances commerciales que leur proposait ma pétition imprimée, 20 janvier 1825, et que Pairs et Députés renvoyèrent au bureau des renseignemens; mais huit jours après M. Huskisson, ministre du commerce, en faisait admettre la presque totalité par le Parlement britannique: principes entièrement admis et pratiqués plus tard par Robert Peel, ainsi que je l'ai revendiqué dans mon factum contre le libre-échange.

La République voudra, j'aime à l'espérer, faire étudier ce que je proposai il y a vingt-trois ans à l'immense avantage du commerce, puis loin de persécuter les industriels, la République les prendra sous sa protection; elle accordera croyance aux faits et non pas aux charlatans, encore moins à ceux qui s'imposent comme savans, et dont tout le mérite est de nuire ou de protester contre tout ce qu'ils ne savent pas et ne peuvent pas savoir.

Les tables statistiques chez des peuples que j'entends quelquefois qualifier de barbares, comptent 2 à 5 p. % d'individus réduits à l'état de besoin ou de réprimande, tandis que chez nous le chiffre s'élève à 17 p. % !!

La République réduira successivement ce dernier chiffre presque à zéro, en méprisant et faisant mépriser ces misérables joueurs de rentes et d'actions diverses, qui ont fait tant et tant de crédules victimes, puis elle punira l'ivrognerie, vice odieux qui a conduit plus d'un homme au bagne: ces hommes avaient un fond honnête; j'ai causé avec plusieurs, et sans ce terrible défaut la société ne les eût pas éloignés. La République infligera une amende ou une peine correctionnelle à tout homme ivre rencontré dans la rue ou dans les lieux publics : la prison, le pain et l'eau, corrigeront j'espère d'un vice dont tant de familles sont les victimes. Les paresseux, humiliés d'être nourris par les autres, travailleront sous la République; le travail est d'ailleurs obligatoire et Dieu l'impose même à son soleil : quand ce dernier a réchauffé, fertilisé notre hémisphère, il va dans un autre porter la vie, ceci sans repos. La terre elle-même travaille sans cesse et toujours, excepté l'hiver qui est pour elle ce que la nuit est à l'homme, lequel, sans travail, ne connaît pas le bonheur du repos physique et moral.

Nos vieillards, nos veuves et nos orphelins, privés de parens, recevront de l'État, et suffisamment, les besoins de la vie, et avant dix ans la République ne fera plus qu'une seule famille; tous chériront la patrie, et la patrie n'est que la famille agrandie.

On n'obtiendra pas tout cela ; le commerce, le luxe et les arts sont perdus, disent certaines gens; quelle erreur! mon Dieu, car ne parlant que des temps modernes, où furent-ils jamais plus en honneur et florissans que sous les républiques de Venise et de Florence, de Gênes et de la Hollande.

Les plus riches négocians, les plus grands statuaires, les plus grands peintres, et les plus grands architectes furent fils de ces républiques, dont la prospérité ne décrût et ne tomba que par la jalousie et l'invasion des rois : la république des États-Unis d'Amérique est aujourd'hui un exemple du bonheur des peuples.

Venise tenait tête à l'empire Ottoman, Florence commerçait avec le monde et donnait deux de ses filles à nos rois : les Doria de Gênes soumettaient les Barbaresques, Ruyter et Tromp faisaient respecter la Hollande sur toutes les mers, et si ces républiques renfermées dans des espaces circonscrits étonnèrent le monde, que fera donc la France placée sur trois mers, adossée à un vaste continent, au pivot de la civilisation, et avec des principes non pas oligarchiques ou demi-libéraux, comme ceux des républiques citées, mais avec celui de la fraternité qui ouvre les portes à tous ses enfans : on disait Venise la riche, Florence la belle, Gênes la superbe, l'heureuse Hollande, on dira la France merveilleuse.

CE QUE JE SUIS

OU

LE PROPHÈTE.

Bientôt septuagénaire, je jouis de toutes les facultés physiques et morales que Dieu peut accorder à un homme de cet âge : je l'en remercie chaque jour.

Agé de 10 à 13 ans, et dans le temps des vacances, j'accompagnais mon père, entrepreneur des ponts et chaussées, dans les grands travaux qu'il effectuait en Basse-Normandie, notamment au port de Cherbourg; puis pendant deux années j'aidai à cultiver le peu de terre qu'il restait à ma mère, veuve avec quatre enfans dont j'étais l'aîné, et ruinée par la République qui ne paya pas les travaux de mon père : je servis ensuite la patrie de 1795 à 1798, traversant la République, l'Empire et le système continental, grand et terrible drame où je fus étudiant, commis, puis pharmacien et voyageur-droguiste, ensuite armateur de corsaires et de navires, faisant le commerce avec l'Angleterre au moyen de licences.

La chûte de l'Empire et du système continental m'engloba avec vingt mille négocians qui succombèrent sous des événemens qu'aucune prudence humaine n'avait pu prévoir : ceux qui restèrent debout étaient plus riches, non plus honnêtes ni plus habiles que les autres. Que faire contre les brusques et irréfléchies lois financières de la Restauration, qui réduisaient à *zéro* les droits de douane pour les élever plus tard, et forçaient de vendre à 80 et à 90 centimes le kilogramme des marchandises qui avaient payé 8 et 9 francs aussi par kilogramme sous l'Empire.

Je fus, à la paix, armateur pour les Antilles et la Russie, en même temps que négociant-droguiste, et en 1818 ma maison sous ce dernier rapport était la première de l'Europe.

Mais la même année, ainsi que je l'ai dit plus haut, vit sombrer de toutes parts, armateurs, négocians, manufacturiers et boutiquiers, censeurs et régens de banque, juges des Tribunaux de commerce, membres des Chambres de commerce et de la Chambre des Députés, agens-de-change, courtiers, notaires, etc.

J'avais pour associé bailleur de fonds un banquier sur lequel tombèrent en huit jours vingt-trois faillites, trois banqueroutes; je l'avais garanti, ce qui me ruina une seconde fois, mais je remontai assez promptement ma maison de droguerie au premier rang.

La guerre d'Espagne, en 1822, qui ne devait pas avoir lieu, disaient et répétaient les Ministres, la trahison d'un associé et les honteuses passions qui s'opposèrent à l'établissement de ma Nationale Entreprise, me firent de nouveau perdre une situation honorable et la première maison de drogueries que la France ait possédée.

Mes confrères de l'Europe, réunis en 1818 aux ventes de la Compagnie anglaise des Indes, à Londres, m'avaient proclamé le premier négociant-droguiste : ce titre avec l'exposé de ma Nationale Entreprise, connue dans toute l'Europe commerciale, me valut en 1824 et en 1825 l'offre de grands avantages pécuniers, et faite successivement par trois États voisins, pour les servir commercialement, je remerciai voulant rester Français.

Depuis lors, toujours confiant en DIEU et en mon courage, j'ai élevé deux industries, et la *Gélatine* a eu, comme les engrais, des combats à soutenir contre les quolibets et les erreurs débitées, même à la tribune nationale et à l'Académie des sciences; mon factum du 3 mai 1842, de 14 pages, a réduit au silence toutes les erreurs imprimées dans dix volumes et dans les journaux.

J'ai parcouru plusieurs fois l'Europe et autres

contrées; puis j'ai écrit sur les douanes et le transit. Les lois du 21 avril 1818, des 27 juillet 1822, 26 mai 1826, 9 février 1832 et autres, des ordonnances signées par MM. de Saint-Cricq, Villèle, comte d'Argout, Thiers, Guizot, Cunin-Gridaine et autres ministres, ont sur quelques points satisfait aux demandes que j'adressais seulement dans l'intérêt du commerce national.

Je fis, comme grenadier de la garde nationale, mon devoir à la bataille de Paris en 1814, avec les Horace Vernet, les Odiot et les Amedée Joubert; mes camarades voulurent bien me donner un glorieux nom : et je fus, en juillet 1830, un des premiers rendus, et complètement armé, à la mairie du 7e arrondissement : j'y prononçai énergiquement anathême sur ceux contre lesquels la nation se levait, et déchirant le drapeau blanc, je plantai sur le monument l'un des premiers drapeaux tricolores qui flottèrent alors sur la Capitale.

J'étais perdu si le peuple avait le dessous, disait-on de toutes parts, et même à madame Lainé; mais je connais la France, répondais-je, elle ne veut pas plus aujourd'hui des Jésuites qu'elle ne voulut des Jacobins.

Depuis lors, et jusqu'à la rentrée des cendres de Napoléon, j'ai été, qu'on veuille bien permettre le mot, Grenadier modèle; mes camarades l'ont tant répété que je puis le dire : aujourd'hui je suis dans la réserve.

LAINÉ,

Négociant-Droguiste.

Paris, 27 *Mai* 1848.

P. S. Mon patriotisme dictant seul cet écrit, je voudrais pouvoir l'envoyer à tous les ateliers nationaux, ainsi qu'aux clubs et aux journaux, dans le but de ramener quelques esprits égarés; ce serait une grande dépense que je ne puis faire, mais j'aurai l'honneur d'en adresser quelques centaines d'exemplaires aux Membres du Gouvernement, aux Ministres et à l'Assemblée nationale, pour les comités de l'Agriculture, du Commerce, des Finances, des Travaux publics et des Travailleurs.

Paris, Imprimerie de Gab. Jousset, rue de Furstemberg, 8.

www.ingramcontent.com/pod-product-compliance
Lightning Source LLC
LaVergne TN
LVHW020310230826
846091LV00006B/2618
* 9 7 8 2 0 1 1 7 9 0 0 1 9 *